Annabel Karmel

# Heute kochen wir

**DORLING KINDERSLEY**
London, New York, Melbourne, München und Delhi

**Gestaltung** Rachael Foster
**Redaktion** Penny Smith
**Gestaltungsassistenz und Illustrationen**
Clémence de Molliens
**Fotos** Dave King
**Food Stylist** Valerie Berry

**Herstellung** Siu Chan
**Umschlaggestaltung** Natalie Godwin,
Mariza O'Keeffe
**Projektleitung** Bridget Giles

Für die deutsche Ausgabe:
**Programmleitung** Monika Schlitzer
**Projektbetreuung** Martina Glöde
**Herstellungsleitung** Dorothee Whittaker
**Herstellung und Covergestaltung**
Mareike Hutsky

Bibliografische Information Der Deutschen Bibliothek
Die Deutsche Bibliothek verzeichnet diese Publikation
in der Deutschen Nationalbibliografie;
detaillierte bibliografische Daten sind im Internet über
http://dnb.ddb.de abrufbar.

Titel der englischen Originalausgabe:
Cook it together

**Übersetzung** Manuela Knetsch

ISBN 978-3-8310-1440-8

Printed and bound in China by Toppan

Besuchen Sie uns im Internet
**www.dk.com**

Hinweis
Die Informationen und Ratschläge in diesem
Buch sind von den Autoren und vom Verlag sorgfältig
erwogen und geprüft, dennoch kann eine Garantie
nicht übernommen werden.
Eine Haftung der Autoren bzw. des Verlags
und seiner Beauftragten für Personen-, Sach- und
Vermögensschäden ist ausgeschlossen.

# Inhalt

 *Alle Rezepte sind dazu gedacht, dass Erwachsene und Kinder sie zusammen zubereiten. Bei diesem Symbol bitte noch einmal besonders vorsichtig sein.*

Liebe Eltern,

es macht unglaublich Spaß, gemeinsam etwas Leckeres zu zaubern. Deshalb zeige ich Ihnen in diesem Buch einige einfache, aber leckere Rezepte, die Sie mit Ihrem Kind Schritt für Schritt zubereiten können.

Dabei werden 10 wichtige Zutaten im Mittelpunkt stehen – Tomaten, Mais, Kartoffeln, Reis, Bananen, Erdbeeren, Äpfel, Honig, Schokolade und Joghurt. Dieses Buch erklärt, wie sie angebaut oder hergestellt werden und verrät erstaunliche Dinge über Lebensmittel.

Kochen eignet sich hervorragend dazu, das Selbstvertrauen Ihres Kindes zu stärken und seine Kreativität zu fördern. Und wer weiß – vielleicht kommt es ja „auf den Geschmack" und wird später ein berühmter Sternekoch!

Also: Schürze schnappen, Ärmel hochkrempeln und schon kann's losgehen!

*Annabel Karmel*

# Voller Geschmack

Mit Kräutern und Gewürzen werden Gerichte wunderbar aromatisch und bunt. Hier siehst du alle, die im Buch verwendet werden.

*Dufte!*

**Frisch halten**
Getrocknete Kräuter und Gewürze sollten in luftdichten Behältern an einem kühlen, dunklen Ort lagern.

Kräutertöpfchen bekommt man im Supermarkt. Sie sehen schön aus und duften herrlich.

*Zimt*

Gemahlener Zimt

Zimtstangen

*Vanille*

Vanillestangen

Vanillearoma

*Paprikapulver*

Dieses Gewürz stammt von der Rinde des Zimtbaums. Zimt kann man als Pulver oder Stange kaufen.

Vanille wird aus den Kapseln der Vanillepflanzen gewonnen, die zur Familie der Orchideen gehören.

Ein leicht scharfes Gewürz, das aus roten Gemüsepaprika gewonnen wird.

*Thymian*

*Minze*

*Dill*

Dill schmeckt leicht nach Anis.

*Basilikum*

*Schnittlauch*

Mit ihrem frischen, kräftigen Aroma passt Minze hervorragend zu kalten Speisen wie Joghurt.

*Zitronengras*

Dieses Kraut besitzt ein wundervolles Aroma.

Basilikum passt gut zu Tomaten.

Schnittlauch gehört zur Zwiebel-Familie.

**Gemahlener Ingwer**

Eine zuvor gekühlte Ingwerwurzel lässt sich leichter reiben.

**Ingwerwurzel**

**...er Pfeffer**

Schwarze Pfefferkörner sind die getrockneten Früchte der Pfefferpflanze.

Im Supermarkt findet man meist beide Sorten Petersilie.

**Glatte Petersilie**

**Koriander**

**Krause Petersilie**

Er ähnelt der Glatten Petersilie.

Viele Kräuter kannst du selbst züchten – so klappt es z.B. mit Petersilie:

# Petersilie selbst anbauen

**1** Einen Pflanztopf mit Blumenerde füllen. Etwa 5 Samen daraufstreuen und mit ein wenig Erde bedecken.

**2** Auf ein sonniges Fensterbrett stellen und ausreichend gießen. Zum Wachsen brauchen sie etwa 8 Wochen.

**3** Wenn die Pflänzchen etwa 8 cm hoch sind, vorsichtig ausgraben …

**4** … und jedes in einen Topf pflanzen. Du kannst sie nun nach draußen stellen.

**5** Die Petersilie regelmäßig gießen und einmal im Monat flüssigen Blumendünger dazugeben.

**6** Ist sie dunkelgrün und buschig, kannst du etwas davon abknipsen und verwenden.

Tomaten werden in ein frisch gepflügtes Feld gepflanzt. Sie brauchen Sonne und viel Wasser.

Unreife Tomaten sind gelb. Später werden sie orange und schließlich rot.

In kühleren Ländern zieht man Tomaten in Gewächshäusern, um sie vor Kälte und Nässe zu schützen.

# Tomaten

Tomaten sind eigentlich Früchte, kein Gemüse. Sie lassen sich auf viele verschiedene Arten zubereiten – als Salat, Suppe oder auch als Tomatenketchup.

Samen

Pflänzchen

## Tomaten aus Eigenanbau

Einen Samen in einen Blumentopf stecken und mit Erde bedecken. Begießen und auf ein sonniges Fensterbrett stellen. Das Pflänzchen sprießt, wächst und bildet nach etwa 20 Wochen Früchte. Dann kannst du sie pflücken und genießen!

In einer Flasche Ketchup stecken 25 Tomaten.

Fleischtomate

Gepflückte Tomaten nicht im Kühlschrank, sondern bei Raumtemperatur aufbewahren – so reifen sie nach und werden schön saftig.

Eiertomate

Baby-Eiertomate

Normale Tomate

Kirschtomate

Baby-Kirschtomate

Tomaten sind meist rot, manche Sorten aber auch gelb oder lila.

*Manche Tomaten sind klein wie Weintrauben, andere werden groß wie Melonen.*

# Tomaten-Bruschetta

*Bruschetta* ist das italienische Wort für „geröstetes Brot".
Mit Tomaten wird daraus ein herrlich leichtes Essen.

**Du brauchst:**

Ca. 20 Kirschtomaten
1 EL Olivenöl
1 kleines Bund Thymian
Salz und Pfeffer
4 Scheiben Brot,
z.B. Ciabatta
1 Knoblauchzehe,
Basilikumblätter, Parmesan

*Schneiden*

*Streuen*

*Reiben*

**1** Den Ofen auf 200 °C vorheizen. Ein Blech mit Backpapier auslegen. Die Tomaten halbieren und auf dem Blech verteilen.

**2** 1 TL des Olivenöls darüberträufeln und die Thymianblättchen darauf verteilen. Salzen und pfeffern. Die Tomaten 6–8 Minuten backen.

**3** Das Brot rösten. Etwas abkühlen lassen. Die Knoblauchzehe halbieren und das Brot damit einreiben. Das restliche Öl darüberträufeln.

**4 Portionen**

*Kirsch-tomaten*

**4** Mit einem Löffel die Tomaten auf das Brot geben und das Basilikum darauf verteilen. Mit einer Reibe etwas Parmesan darübergeben. Warm servieren.

# Tomatensuppe

Diese Tomatensuppe zieht Grimassen! Ein lecker-leichtes Gericht, zu dem knuspriges Brot oder Grissini schmecken.

## Du brauchst:

1 kleine rote Zwiebel
½ kleine rote Paprika
½ Möhre
1 Knoblauchzehe
1 EL Olivenöl
400 g Dosentomaten, in Stücken
3 EL Tomatenmark
3 EL Tomatenketchup
2 EL Zucker
1 kleinen Bund Thymian
250 ml Gemüsebrühe
Salz und Pfeffer
4 EL Sahne
Zum Anrichten: Basilikumblätter, Olivenscheiben, geschlagene Sahne

Schneiden

**1** Gemüse vorbereiten: Die Zwiebel hacken und die Paprika schneiden.

Pressen

**2** Die Möhre schälen und grob reiben. Den Knoblauch durch die Presse drücken.

**3** Das Öl erhitzen, Zwiebel, Paprika und Möhre 5 Minuten darin anbraten. Dosentomaten, Tomatenmark, Ketchup, Knoblauch, Zucker, Thymian und Brühe dazugeben. 30 Minuten kochen.

Gießen

## Tipp
*Die Blätter, nicht die Stängel des Thymians verwenden. 10 Blätter sollten reichen.*

**4** Die Mischung salzen und pfeffern. Die Suppe mit einem Pürierstab glatt rühren. Die Sahne unterrühren und servieren.

*Glatt rühren*

**Tipp**

*Für lustige Suppengesichter: Augen aus Basilikumblättern und Olivenscheiben basteln, den Rest mit geschlagener Sahne aus einer Spritztüte malen. Je kühler die Suppe, umso länger hält das Gesicht!*

Maispflanzen werden bis zu 3,5 Meter hoch – du könntest dich in einem Maisfeld richtig verlaufen!

*Maiskolben – reif zum Pflücken*

# Mais

Mais steckt voller Nährstoffe – er ist also gesund und schmeckt auch noch gut. Du kannst frische Maiskolben im Ganzen oder einzelne Körner kaufen, z.B. in Dosen. Reife Maiskörner enthalten einen süßen, milchigen Saft.

In den USA wird weltweit die größte Menge Mais angebaut.

### Mais am Kolben

### Maisfasern

Die haarigen Strähnchen an einem Kolben sind die Maisfasern. Wenn der Mais reif ist, werden sie braun.

Der Maiskolben ist von den sogenannten Lieschblättern umgeben.

### Körner

An jedem Maiskolben sitzen etwa 600–800 Körner.

Wie viele Körnerreihen sitzen an einem Maiskolben? Egal wie viele, es handelt sich immer um eine gerade Zahl!

### Popcorn

Aus getrockneten Maiskörnern macht man Popcorn.

*Plop!*

*Erst so ... ... dann so*

### Babymais

Gib die getrockneten Körner mit etwas Öl in einen Topf mit Deckel und sie ploppen laut auf!

# Nudelsalat
## mit Mais und Hühnchen

Aus Mais, Nudeln und Hühnchenfleisch lässt sich ein bunter Salat zubereiten – und das geht kinderleicht!

Entkernen

**Du brauchst:**

250 g Nudeln
150 g gekochtes
Hühnchenfleisch
4 Frühlingszwiebeln
1 große Tomate
2 EL Mayonnaise
2 EL griechischen Joghurt
½ TL Zitronensaft
2–3 Halme Dill
Salz und Pfeffer
200 g Mais aus der Dose

4 Portionen

**1** Die Nudeln nach Packungsanweisung kochen. Das Fleisch klein, die Frühlingszwiebeln in Scheiben schneiden. Die Tomate entkernen und würfeln.

Schneiden

**2** Mayonnaise, Joghurt und Zitronensaft in eine große Schüssel geben. Den Dill hineinschneiden, salzen und pfeffern und alles verrühren.

Schütten

**3** Die kalten Nudeln, Hühnchen, Frühlingszwiebeln, Tomatenstückchen und Mais auf die Mayonnaise-Mischung schütten.

**4** Alle Zutaten gut vermischen und servieren.

Mischen

11

# Maispfannkuchen

Diese Pfannkuchen sind vor allem in Latein-
amerika sehr beliebt. Sie eignen sich toll für
Partys – dafür einfach die Zutatenmenge erhöhen

## Du brauchst:

30 g Mehl
1 TL Backpulver
1 Prise Salz
1 Ei
1 EL Ahornsirup
2 TL Milch
200 g Mais aus der Dose
2 Frühlingszwiebeln, gehackt
1–2 EL Sonnenblumenöl
Zum Anrichten: Tomaten, Basilikum

**1** Das Mehl in eine große Schüssel sieben. Backpulver und Salz zugeben.

**2** Das Eigelb von einer Schalenhälfte in die andere gleiten lassen. Das Eiweiß in eine Schüssel laufen lassen, das Eigelb in eine andere geben.

**3** Ahornsirup und Milch zum Eigelb geben und mit dem Schneebesen vermischen. Über das Mehl geben und alles zu einem Teig verrühren.

**4** Das Eiweiß steif schlagen. Du kannst dafür auch einen Mixer benutzen.

**5** Mit einem Teigschaber das Eiweiß unter die Mehlmischung heben – vorsichtig an den Rändern entlang und durch die Mitte.

*Schütten*

*Servieren*

**6** Den Dosenmais und die gehackten Frühlingszwiebeln auf den Teig schütten. Ganz sachte unterheben.

**7** Das Öl erhitzen. Löffelgroße Teigmengen in die Pfanne geben. Die Pfannkuchen von beiden Seiten jeweils 1–3 Minuten goldbraun backen.

Die Pfannkuchen schmecken mit **Tomaten–Basilikum–Salat** besonders gut.

*Saftiger Mais*

8–10 Stück

**Tipp**
*Die Pfannkuchen schmecken auch zum Frühstück! Dafür einfach mit Bananenstückchen und Ahornsirup servieren.*

Vor dem Pflanzen müssen das Feld gepflügt und Steine entfernt werden. Mithilfe einer Pflanzmaschine fallen die Kartoffelkeimlinge auf den Acker und werden mit einer Schicht Erde bedeckt.

Nach 2–6 Wochen durchbrechen die Pflanzentriebe die Erde. Unter der Erde bilden sich die Knollen. Frühreife Kartoffeln können geerntet werden, sobald die Pflanzen geblüht haben.

Im Spätsommer kann man auch die übrigen Kartoffelsorten ausgraben. Werden sie dunkel gelagert, können sie sich monatelang halten.

# Kartoffeln

Kartoffeln werden schon seit Jahrhunderten angebaut. Es gibt sie in fast allen Farben – weiß, braun, gelb, rot, lila, blau … Dabei sind sie nicht nur schmackhaft, sondern auch richtig gesund!

Mit Kartoffeln lässt sich alles Mögliche anstellen … Man kann sie

stampfen

kochen

frittieren

braten

backen

Für knusprige Chips werden dünne Kartoffelscheiben in Öl gebacken.

Kartoffeln wurden als erste Pflanzen auch im All angebaut. 1995 begann eine an Bord des Spaceshuttles *Columbia* mitgenommene Kartoffelpflanze zu sprießen.

Aus den grünen Keimlingen einer Kartoffelknolle entstehen neue Kartoffelpflanzen.

Normale Kartoffel

Süßkartoffel

Kartoffeln haben eine dünne Schale. Ihr Fleisch ist meist weiß.

Neue oder Frühkartoffeln

Diese Sorte ist innen orangefarben.

14

# Würzige Pommes

4 Portionen

Diese gebackenen Kartoffel-Spalten sind eine gesunde Alternative zu Pommes – aber genauso lecker! Mit Paprikapulver werden sie schön würzig.

### Du brauchst:

2 große Kartoffeln
1 EL Olivenöl
Salz und Pfeffer
½ TL Paprikapulver
(falls gewünscht)

### Sauerrahm-Dip

3 EL Sauerrahm, 1 EL Mayonnaise, 2 TL Milch, 2 TL Schnittlauch und ½ Knoblauchzehe (gepresst) vermischen. Salzen und pfeffern. Zu den Kartoffel-Spalten servieren.

*Mit Sauerrahm- und Schnittlauch-Dip servieren.*

**Schneiden**

**1** Den Ofen auf 200 °C vorheizen. Jede Kartoffel der Länge nach in Spalten schneiden.

**Mischen**

**2** Öl, Salz, Pfeffer und – falls gewünscht – Paprikapulver in eine Schüssel geben. Die Spalten dazulegen und gut durchmischen.

**Backen**

*Die Kartoffel-Spalten 30 Minuten backen, währenddessen zwei- oder dreimal wenden. Sie sind fertig, wenn sie goldbraun sind.*

**3** Auf einem mit Backpapier ausgelegtem Blech verteilen.

15

# Kartoffel-Souffés

Das Wort *soufflé* stammt aus dem Französischen und bedeutet „aufgebläht". Du wirst bald sehen, warum dieses Gericht so heißt!

## Du brauchst:

30 g Butter, sowie etwas für die Förmchen

80 g reifen Cheddar

30 g Parmesan

1 kleinen Bund Schnittlauch

2 Eier

1 große, gekochte Ofenkartoffel

6 EL Milch

Pfeffer

## Kartoffel kochen

Die Kartoffel entweder 6–8 Minuten in die Mikrowelle geben oder 35 Minuten ungeschält kochen, bis sie weich ist. Abkühlen lassen. Schälen.

## Tipp

*Soufflés fallen schnell in sich zusammen. Deswegen sollten deine Gäste schon am Tisch sitzen, bevor du die Soufflés aus dem Ofen holst. Sofort servieren. Aber Vorsicht: Sie sind sehr heiß!*

Einfetten

**1** Den Ofen mit einem Backblech auf 220 °C vorheizen. Dann 4 Auflaufförmchen gut mit Butter ausstreichen.

Reiben

**2** Cheddar-Käse und Parmesan reiben. Den Schnittlauch in kleine Stückchen (etwa 2 TL voll) schneiden. Die Eier trennen.

**3** Die Kartoffel in eine Schüssel geben und zerstampfen. Käse, Schnittlauch und Eigelbe einrühren.

Stampfen

**Gießen**

**4** Milch und Butter in einer Pfanne erwärmen. Die Kartoffelmischung darübergeben und alles verrühren. Nur pfeffern, da der Parmesan schon recht salzig ist.

**Füllen**

**6** Die Förmchen mit der Mischung füllen. Auf das heiße Backblech stellen. 15–17 Minuten backen, bis die Soufflés aufgegangen und goldbraun sind.

**Schlagen**

**5** Die Eiweiße steif schlagen. Vorsichtig unter die Kartoffelmischung heben.

Reispflanzen werden auf überfluteten Feldern im Wasser angebaut. Das Wasser hält Unkraut fern.

Nach etwa vier Monaten kann der Reis geerntet werden – entweder mit der Hand oder maschinell.

Dieses Feld ist zum Teil abgeerntet. Die harten Reiskörner transportiert man in Säcken.

# Reis

Reis lässt sich hervorragend auf Vorrat kaufen. Er hält sich sehr lange und passt mit seinem milden Geschmack zu vielerlei Gerichten. Während des Kochens verdreifachen Reiskörner ihre Größe.

Es gibt etwa 40 000 Reissorten, wir können aber nur eine kleine Menge davon im Supermarkt kaufen.

Ein Reiskorn besitzt zwei Schichten: Die äußere heißt Spelze, darunter sitzt das Silberhäutchen – es umhüllt das Korn.

• Die Hälfte der Weltbevölkerung ernährt sich hautsächlich von Reis. Er spielt vor allem in Asien eine große Rolle.

• Reis lässt sich leicht verdauen, sogar Babys vertragen ihn schon.

• Reiswaffeln bestehen aus aufgeplatzten Reiskörnern – ein bisschen wie Popcorn.

Gekochter Reis kann **locker** oder **klebrig** sein.

Rundkornreis

Vollkornreis

Vollkornrei besitzt noch sein Silberhäutchen.

Diese Sorte ist nach dem Kochen leicht und locker.

Langkornreis

Arborio-Reis

Rundkornreis isst sich gut mit Stäbchen – die Körner sind weich und kleben zusammen.

Der weiche Arborio eignet sich für Risotto, er saugt Flüssigkeiten auf.

# Arancini

Diese Reisbällchen sind mit geschmolzenem Käse gefüllt – lecker! Dazu passt die hier links beschriebene Tomatensoße.

**5 große Bällchen**

Kochen

## Tomatensoße
1 TL Olivenöl erhitzen, 1 gewürfelte Schalotte und 1 Knoblauchzehe (gepresst) anbraten. 400 g Dosentomaten, 1 TL braunen Zucker und 1 EL Ketchup zugeben. 15 Minuten kochen.

## Du brauchst:

1 EL Olivenöl
1 EL Zwiebel, gehackt
60 g Risotto-Reis
250 ml Hühner- oder Gemüsebrühe
3 EL geriebenen Parmesan
Salz und Pfeffer
150 g Mozzarella, in 5×1,5 cm große Stücke geschnitten
2 EL Semmelbrösel
1 Ei, geschlagen mit 1 Prise Salz, zum Panieren

*Durch den* **Risotto-Reis** *kleben die Bällchen wunderbar zusammen!*

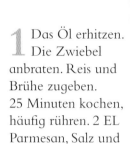

**1** Das Öl erhitzen. Die Zwiebel anbraten. Reis und Brühe zugeben. 25 Minuten kochen, häufig rühren. 2 EL Parmesan, Salz und Pfeffer hinzugeben.

**2** Abkühlen lassen. Dann den Reis für 3 Stunden kalt stellen, bis er fest ist. In 5 Portionen teilen und Bällchen daraus kneten.

**3** In jedes ein Loch drücken und ein Stück Mozzarella hineingeben. Das Loch wieder mit Reis bedecken.

**4** Semmelbrösel mit dem restlichen Parmesan mischen. Die Bällchen ins Ei dippen.

**5** Reisbällchen im Semmelbrösel-Mix rollen.

**6** Sind die Bällchen vollständig bedeckt, 5 Minuten frittieren, bis sie goldbraun sind.

*Flüssiger* **Mozzarella**

Kneten

Formen

Dippen

Rollen

Fertig!

# Paella

Die Paella stammt aus Spanien und heißt wie die Pfanne, in der man sie zubereitet – die *paellera*. In diese hier kommen Garnelen und Hühnchen.

## Du brauchst:

1 Zwiebel
½ rote Paprika
1 Knoblauchzehe
1 EL Olivenöl
1 TL Paprikapulver
200 g Langkornreis
600 ml Hühnerbrühe
2 EL Tomatenmark
170 g gekochtes Hühnchenfleisch
1 Handvoll Petersilie
60 g gefrorene Erbsen
170 g gekochte Garnelen

## Knoblauch – so geht's

Nimm eine rundliche Zehe und entferne die papierähnliche Hülle. Dann hacken oder in die Presse geben.

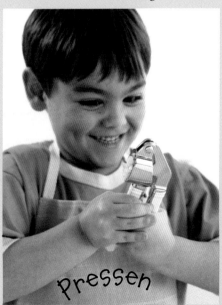

Pressen

Kochen

Schütten

**1** Die Zwiebel fein hacken, die Paprika würfeln, den Knoblauch pressen.

**2** Das Öl in einer beschichteten Pfanne erhitzen. Die Zwiebel darin 5 Minuten weich braten.

**3** Paprika, Knoblauch, Paprikapulver und Reis hinzufügen. Unter ständigem Rühren 3 Minuten braten.

**Gießen**

**4** Die Brühe mit dem Tomatenmark mischen und auf die Reismischung gießen. Etwa 15 Minuten kochen, bis der Reis weich und die Brühe verkocht ist. Wenn der Reis zu trocken wird, etwas Wasser zufügen.

**Tipp**

*Falls es intensiver nach Tomate schmecken soll: Nur 200 ml Brühe nehmen und statt-dessen zusammen mit den anderen Zutaten in Schritt 4 eine Dose Tomatenstückchen hineingeben.*

**Zerteilen**

**5** Während der Reis kocht, das Hühnchen in kleine Stücke zerteilen und die Petersilie grob hacken.

**Kippen**

**6** Die Erbsen, Garnelen und das Hühnchen in die Paella kippen. Weitere 2 Minuten kochen, bis alles heiß ist. Petersilie darüberstreuen und servieren.

In nur einem Jahr wächst die Bananenpflanze zur vollen Größe von 4–9 Meter heran.

An jeder Pflanze wächst nur eine Staude mit Früchten. Sie werden oft mit Plastik umhüllt, damit Schädlinge fernbleiben.

Bananen werden grün geerntet. Die schweren Stauden hängt man auf, damit sie ohne Schäden hin und her bewegt werden können.

*Bananen wachsen nach oben.*

# Bananen

Diese beliebten Früchte wachsen nur in heißen, tropischen Gegenden. Bananen haben das ganze Jahr über Erntezeit – deswegen können wir sie durchgehend kaufen.

Dies ist eine Bananenblüte. In einigen Ländern isst man sie als Gemüse.

In Indien werden weltweit die meisten Bananen angebaut. Bananenblüten gelten in diesem Land als Glücksbringer.

*Auch Affen mögen Bananen!*

Einige Affen schälen Bananen nicht so wie wir – sie fangen vom anderen Ende aus an. Manche fressen sie sogar mit Schale!

In einer Fabrik zerlegt man die Stauden in Bündel zu jeweils 6–8 Bananen. Diese werden in Wasserbecken gesäubert und gekühlt.

Die Bananen werden nach Ungeziefer abgesucht, gewogen, verpackt und in Läden und Supermärkte rund um die Welt verschickt.

*Bananensorten*

Babybanane

Rote Banane

Normale Banane

Kochbanane

*Bananen enthalten viel Stärke.*

*Diese verwandelt sich in Zucker –*

*je reifer die Banane, desto süßer.*

*Guten Appetit!*

**Schneiden**

**Schmelzen**

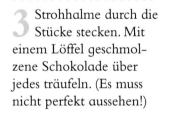

**Träufeln**

**Rollen**

# Bananenhappen

Ein süßes Vergnügen! Für die Happen am besten noch nicht ganz reife Bananen verwenden.

Du brauchst:
1–2 Bananen
110 g Schokolade
Kokosflocken
Zuckerstreusel

1 Banane schälen und die Enden abschneiden. In 6 Stücke schneiden.

2 Schokolade in eine feuerfeste Schüssel bröckeln. Zum Schmelzen auf einen Topf mit heißem Wasser stellen. Ab und zu umrühren. Leicht abkühlen lassen.

3 Strohhalme durch die Stücke stecken. Mit einem Löffel geschmolzene Schokolade über jedes träufeln. (Es muss nicht perfekt aussehen!)

4 Die überzogenen Bananen in Kokosflocken oder Streuseln rollen. Die Schokolade hart werden lassen, servieren.

**6 Stück**

**Kokosflocken**

**Schoko-Streusel**

**Bunte Zuckerstreusel**

# Schmetterlingstörtchen

Die kleinen Kuchen schmecken natürlich auch ohne Füllung – aber mit dieser verführerisch süßen Creme ganz besonders gut!

## Du brauchst:

**Für die Törtchen**

1 große Banane

110 g Butter

110 g Zucker

2 Eier

1 TL Vanillezucker (nach Geschmack)

110 g Mehl

1 TL Backpulver

**Für die Füllung**

85 g Frischkäse

40 g weiche Butter

85 g Dulce de leche
(alternativ: Nougatcreme)

40 g Puderzucker, sowie etwas
zum Bestäuben

### Tipp

*Die Füllung mit einer größeren Spritztülle auftragen, damit geht es leichter als mit kleinen.*

### Tipp

*Dulce de leche ist eine Creme aus Milch, Zucker und Vanille. Man kann sie im Supermarkt kaufen. Sie eignet sich wunderbar für diese Törtchen.*

Zerdrücken

Mixen

**1** Den Ofen auf 180 °C vorheizen. 8 Papierförmchen in ein Muffinblech legen. Die Banane schälen und zerdrücken.

**2** Butter und Zucker in einer großen Schüssel mit dem Mixer zu einer schaumigen Masse rühren. In einer weiteren Schüssel Eier und Vanillezucker verrühren. Die Eier nach und nach zur Buttermischung geben. Gründlich verrühren.

*Sieben*

*Füllen*

*Mixen*

**3** Die Banane in die Buttermischung einrühren. Das Mehl mit dem Backpulver darübersieben und unterheben.

**4** Die Papierförmchen mit dem Teig füllen. 20 Minuten backen, bis die Törtchen aufgegangen sind.

**5** Für die Füllung Frischkäse und Butter mit dem Mixer verrühren. Dulce de leche und Puderzucker einrühren.

*Spritzen*

**6** Von den Törtchen die obere Schicht abschneiden und zu Schmetterlingsflügeln knicken. Die Füllung auf die Törtchen spritzen. Die Flügel mit Puderzucker bestäuben. Auf die Füllung setzen.

**Tipp**
*Mit geschmolzener Schokolade oder Zuckerschrift noch einen Schmetterlingsumriss auf die Flügel malen.*

25

Erdbeerpflanzen gedeihen an warmen, sonnigen Plätzen besonders gut. Das ausgelegte Stroh soll die Früchte vor Nässe schützen.

Eine Erdbeerblüte hat fünf weiße Blütenblätter und eine leuchtend gelbe Mitte. An dieser Stelle wächst später die Erdbeere heran.

Einmal gepflückte Erdbeeren reifen nicht nach – also erst pflücken, wenn die Früchte richtig rot sind!

# Erdbeeren

Erdbeeren haben eine schöne rote Farbe und sind angenehm süß. Sie gehören zu den beliebtesten Obstsorten – jedes Jahr werden weltweit etwa 2 Millionen Tonnen angebaut!

Mittlerweile lassen sich Erdbeeren das ganze Jahr über anbauen. In diese Art Gewächshaus z.B. kann zwar Sonnenlicht, aber keine Kälte eindringen.

Erst erscheint die Blüte.

Die Blütenblätter fallen,…

…sobald die Frucht wächst.

Sie wird größer…

… und GRÖSSER.

Erdbeeren sind die einzigen Früchte, deren Samen außen sitzen.

Jede Erdbeere besitzt etwa 200 Samen.

# Erdbeer-Leckerei

Aus diesem superleichten Rezept lässt sich ein hübsch aussehender Nachtisch für 6 Personen zaubern – oder 8 leckere Eislutscher!

Vorbereiten

### Du brauchst:

350 g Erdbeeren
4 EL Erdbeermarmelade
200 ml Sahne
6 EL griechischen Joghurt
Zum Anrichten: Minze

### Tipp

*Für die Lutscher die Erdbeer- und Sahnemischung zusammenrühren und mit Stielen in Eisförmchen füllen. Gefrieren lassen.*

### 6 Portionen

**1** Das Grün entfernen. Einige Erdbeeren beiseitelegen, den Rest in eine Schüssel schneiden.

**2** Die Marmelade hinzufügen. Mit einem Kartoffelstampfer vermengen.

**3** In einer anderen Schüssel die Sahne steif schlagen. Den Joghurt unterheben.

**4** Schichtweise Erdbeerpüree und Sahnemischung in Dessertschälchen füllen.

Mit Erdbeeren und Minze garnieren.

Stampfen

Schlagen

27

# Erdbeer-Käsekuchen

Mit herzförmigen Förmchen werden diese kleinen Kuchen besonders nett. Die Zutaten reichen aber auch für einen großen Käsekuchen.

*Zerkrümeln*

*Gießen*

*Drücken*

## Du brauchst:

Sonnenblumenöl zum Einfetten
170 g Vollkornkekse
85 g Butter
150 g Erdbeeren, sowie einige
zum Dekorieren
30 g Zucker
2 EL Wasser
135 g Götterspeise-Pulver
(Erdbeergeschmack)
200 g Frischkäse
200 ml Sahne

**1** Förmchen einfetten. Kekse in eine Plastiktüte geben und mit einem Nudelholz zerkrümeln. In eine Schüssel geben. Die Butter schmelzen, auf die Krümel gießen und gut vermischen. Auf den Boden der Förmchen drücken.

*Vor dem Servieren mit Erdbeeren dekorieren.*

## Tipp

*Für einen großen Käsekuchen brauchst du eine Springform mit etwa 20 cm Durchmesser.*

Schneiden

Kochen

Gießen

**2** Die Erdbeeren in kleine Stücke schneiden.

**3** Erdbeeren in einem Topf mit Zucker und Wasser kochen, bis sie weich sind. Vom Herd nehmen, Götterspeise-Pulver hinzufügen und alles glatt rühren.

**4** Die Mischung abkühlen lassen. Den Frischkäse schlagen und die Erdbeer-Mischung daraufgießen.

Rühren

Unterheben

Glätten

**5** Erdbeer-Mix und Frischkäse mit einem Schneebesen verrühren.

**6** Die Sahne steif schlagen. Mit einem Löffel unter die Frischkäse-Mischung heben. (Es wird langsam fest.)

**7** Die Masse auf die Krümel in den Förmchen füllen. Mit einem Messer glatt streichen. 2 Stunden kalt stellen.

**Apfelbaum im Frühling**
An den Zweigen zeigen sich rosa-farbene Blüten, die später weiß sind. Sie werden von Bienen bestäubt, sodass sich Früchte bilden.

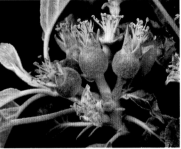

**Apfelbaum im Sommer**
Die Blüten fallen ab und die Äpfel beginnen zu wachsen. In der Sonne reifen sie zu ihrer vollen Größe.

**Apfelbaum im Herbst**
Die Äpfel sind reif! Sie werden von Hand gepflückt, um sie nicht zu beschädigen, und dann in Läden und Supermärkte verschickt.

# Äpfel

Äpfel sind tolle Früchte, denn sie passen sowohl zu süßen als auch zu eher deftigen Gerichten. Seit über 4000 Jahren wird das beliebte Obst bereits angebaut.

Eine kernige Sache!

Äpfel können ganz unterschiedlich aussehen, z.B. so wie diese:

Es gibt fast 10 000 unterschiedliche Apfelsorten.

Apfelbäume können mehr als 100 Jahre lang Früchte tragen.

In China werden weltweit die meisten Äpfel angebaut.

Royal Gala

Bramley

Braeburn

Golden Delicious

Red Delicious

Tentation

Pink Lady

Die Schale immer mitessen – die meisten Nährstoffe verstecken sich nämlich direkt darunter!

Apfelschnitze mit Zitronensaft beträufeln – dann werden sie nicht braun.

Ein Apfel besteht zu einem Viertel aus Luft – deshalb schwimmt er!

# Bratäpfel

Diese herrlich duftenden Bratäpfel machen schon bei der Zubereitung Spaß! Dazu passen die unten vorgeschlagenen Soßen oder ein Klecks Joghurt sehr gut.

**Du brauchst:**

4 Äpfel
6 EL Rosinen
3 EL braunen Zucker
¼ TL Zimt
15 g Butter
6 EL Wasser

*Entkernen*

*Füllen*

*Gießen*

**1** Den Ofen auf 180 °C vorheizen. Die Früchte mit einem Apfelentkerner entkernen, dann in eine feuerfeste Form mit hohem Rand legen.

**2** Rosinen, braunen Zucker und Zimt mischen und die Mischung in die Löcher der Äpfel füllen. Die Butter darauf verteilen.

**3** Etwa 6 EL Wasser um die Äpfel herumgießen, sodass der Boden der Form bedeckt ist. 35–40 Minuten backen.

**4 Portionen**

*Äpfel vor dem Backen rundherum einschneiden, damit sie nicht aufplatzen.*

**Tipp**
*Schmeckt lecker: Serviere die Bratäpfel mit Vanilleoder Karamellsoße.*

# Apfel-Baiser-Törtchen

Diese einfachen kleinen Apfeltörtchen schmecken warm oder kalt. Am besten mit Vanillejoghurt oder Sahne servieren.

*Baisers sollten innen weich … … und außen leicht knusprig sein.*

## Du brauchst:

**Für die Törtchen**
200 g fertig gekauften oder selbst gemachten Mürbeteig
2–3 Äpfel
2 EL Wasser
15 g Zucker
1 TL Zitronensaft

**Für das Baiser**
1 großes Eiweiß
40 g Zucker

*Ausstechen*

Durchmesser für die Kreise: 8,5 cm

**1** Den Ofen auf 200 °C vorheizen. 6 Kreise aus Teig ausstechen und sie in ein Muffinblech drücken.

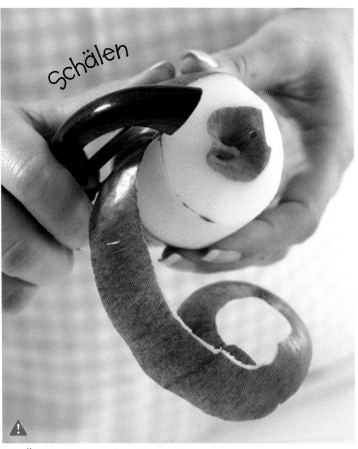

*Schälen*

**2** Äpfel schälen, schneiden und im Wasser kochen, bis sie weich und recht trocken sind. Zucker und Zitronensaft einrühren.

*Füllen*

**3** Äpfel etwas abkühlen lassen. In kleine Stücke zerdrücken. In die Teigförmchen verteilen und 15 Minuten im Ofen backen.

*Schlagen*

**4** Das Eiweiß steif schlagen. Erst 1 EL, dann den restlichen Zucker hineinrühren. Mit einem Löffel oder einer Spritztülle auf die Äpfel geben. Weitere 3–5 Minuten backen.

## Du brauchst:

1 Zwiebel
1 Knoblauchzehe
3 Frühlingszwiebeln
1 mittelgroßen Apfel
1 EL Pflanzenöl
1–2 TL milde Currypaste
1 TL Sojasoße
150 ml Kokosmilch
1 Würfel Hühnerbrühe, in 150 ml
kochendem Wasser aufgelöst
5 cm Zitronengras
2 Hühnerbrüste, gewürfelt
110 g gefrorene Erbsen
Salz und Pfeffer
Zum Anrichten: Koriander,
Limonenscheiben, gekochten
Jasminreis

## Tipp

*Reis lässt sich mit einer Ausstechform
wunderschön als Stern anrichten:
Gekochten Reis auf einen Teller in
die Form füllen, glatt streichen und die
Form vorsichtig abheben.*

# Apfel-Hühnchen-Curry

Alle Zutaten für dieses mittelscharfe Curry
bekommst du problemlos im Supermarkt. Der
Apfel verleiht dem Gericht seine herrliche Süße.

**4 Portionen**

**1** Zuerst die Zwiebel schälen und
hacken und den Knoblauch pressen.
Dann Frühlingszwiebeln und den Apfel
in dünne Scheiben schneiden.

schneiden

Gießen

**2** Öl in einem Wok erhitzen, die Zwiebeln darin 5–6 Minuten weich braten.
Knoblauch und Currypaste hineingeben. 1 Minute braten. Unter ständigem
Rühren Sojasoße, Kokosmilch und Hühnerbrühe zugießen.

*Apfel-scheiben*

*Erbsen*

**3** Zitronengras, Hühnchen und Apfel hinzufügen. Zum Kochen bringen, dann bei schwacher Hitze 6–8 Minuten köcheln lassen, bis das Fleisch gar ist.

**4** Die Erbsen und Frühlingszwiebeln hinzufügen und weitere 1–2 Minuten kochen. Salzen (Vorsicht: Sojasoße ist bereits salzig!) und pfeffern.

*Jasminreis*

*Apfelscheibe*

**5** Das Zitronengras herausfischen und das Curry auf Tellern anrichten. Mit Korianderblättchen, Limonenscheiben und Reis servieren.

35

Imker halten sich Bienen in hölzernen Bienenstöcken. In einem Stock leben 50 000 Bienen: viele, viele Arbeiterinnen, ein paar Drohnen und eine Königin.

Der Honig kann von Hand von der Wabe geschabt werden. Oft werden die Waben auch in eine Zentrifuge gespannt, die sich so schnell dreht, dass der Honig herausfliegt.

Bienen stellen Honig aus einer süßen Flüssigkeit her, die sie aus Blüten saugen – dem Nektar. Bunte Blumen locken die Bienen mit ihren Farben an.

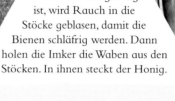

Wenn der Honig fertig ist, wird Rauch in die Stöcke geblasen, damit die Bienen schläfrig werden. Dann holen die Imker die Waben aus den Stöcken. In ihnen steckt der Honig.

# Honig

Bienen stellen Honig als Nahrung für den Winter her. Oft produzieren sie mehr, als sie brauchen. Dieser Honig-Überschuss wird dann von Imkern gesammelt und versüßt uns den Alltag.

Mit einem Honiglöffel lässt sich der Honig besser aufwickeln als mit einem normalen Löffel. Er tropft kaum.

Bssss

Honig kann weiß, gelb, goldfarben oder braun sein.

• Arbeiterinnen sind weibliche Bienen. Jede von ihnen produziert in ihrem Leben etwa ½ TL Honig.
• Die Drohnen sind männlich. Sie befruchten die Eier, die die Königin legt.
• Die Königin bekommt als Einzige Nachwuchs.

Bienen füllen Waben mit Honig und verschließen sie mit Wachs, bis der Honig gebraucht wird.

Bienen leben in Stöcken, aber auch in der Wildnis, wie in diesem Nest.

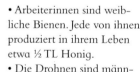

Es gibt unterschiedliche Honigsorten – der Geschmack hängt davon ab, aus welchen Blüten der Nektar gesaugt wurde.

# Lachs-Spießchen

Hier zaubern wir aus Honig und Sojasoße eine Marinade namens Teriyaki. Sie passt perfekt zu Lachs!

**Mischen**

## Du brauchst:

4 EL flüssigen Honig
4 TL Sojasoße
2 TL Reisweinessig
¼ TL gemahlenen Ingwer
170 g Lachsfilet ohne Haut, gewürfelt
1 TL Wasser

## 4 Portionen

*6 Holzspießchen 30 Minuten in warmem Wasser einweichen. Den Grill auf höchste Stufe stellen.*

**1** Honig, Sojasoße und Essig mischen. Die Hälfte in einem Topf beiseitestellen. Den Ingwer zur anderen Hälfte in der Schüssel geben.

**2** Die Ingwermarinade über den Lachs gießen und alles damit bedecken.

**3** Die Lachsstücke auf die Spieße stecken und auf ein Blech mit Alufolie legen.

Die Ingwermarinade über die Spieße geben. Den Lachs von jeder Seite 2–3 Minuten grillen, bis er gar ist. Das Wasser zur Sauce im Topf geben. 30 Sekunden kochen. Zu den Spießen servieren.

*Mit Ringen aus Frühlingszwiebeln garnieren.*

**Tipp**
*Für die Ringe: Frühlingszwiebeln in dünne Scheiben schneiden und in eiskaltes Wasser legen.*

**Gießen**

**Stecken**

**Fertig zum Grillen!**

# Honigtöpfchen

Eigentlich sind diese kleinen Kuchen allein schon süß genug. Die Bienchen sind aber auch süß anzusehen!

## Du brauchst:

**Für die Kuchen**

60 g Butter
60 g feinen braunen Zucker
4 EL flüssigen Honig
1 Ei
1 TL Vanillezucker (nach Geschmack)
2 EL Apfelmus
85 g Mehl
1 TL Backpulver
½ TL gemahlenen Zimt
¼ TL gemahlenen Ingwer

**Für die Bienen und Blumen**

200 g Marzipan
Geschmolzene Schokolade oder Zuckerschrift
12 Mandelplättchen
Zuckerstreusel

Gießen

6 Stück

1 Den Ofen auf 180 °C vorheizen. Ein Muffinblech mit 6 Papierförmchen auslegen. Butter und Zucker in eine Schüssel geben. Den Honig dazugießen und alles verrühren.

Sieben

Unterheben

Füllen

2 In einer zweiten Schüssel Ei, Vanillezucker und Apfelmus verquirlen. In die Buttermischung rühren. Mehl, Backpulver, Zimt und Ingwer darübersieben.

3 Mehl, Zimt und Ingwer mit einem Teigschaber am Schüsselrand entlang und über die Mitte sorgfältig unterheben, bis alles gut vermischt ist.

4 Die Förmchen mit Teig füllen. 20–22 Minuten backen, bis sie aufgegangen, goldbraun und außen fest sind. Auf einem Gitter abkühlen lassen.

Formen

Malen

**Tipp**

*Nussfreie Version: Bienen-
körper aus gelber Fondant-
masse kneten, Schoko-
plättchen als Flügel nehmen.*

**5** Bienenköpfe und -körper aus
Marzipan formen und vorsichtig
aneinanderdrücken, sodass sie kleben.
Marzipanblumen ausstechen.

**6** Mit Schokolade oder Zuckerschrift
Gesichter und Streifen aufmalen. Man-
delplättchen als Flügel in die Seiten stecken.
Streusel auf die Blumen streuen.

*Blümchen mit einem Plätzchen-
ausstecher herstellen.*

*Streifen sind schick!*

*Die Kuchen mit Bienen und Blumen verzieren.*

Ein Kakaobaum trägt viele große Früchte. Platzt die Schale einer Frucht auf, sieht man die darin enthaltenen Kakaobohnen.

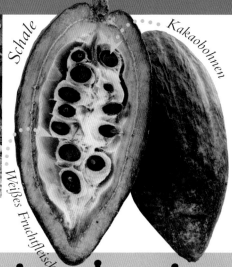

Schale

Kakaobohnen

Weißes Fruchtfleisch

Kakaofrüchte werden groß wie Melonen. Wenn sie dunkelgelb bis dunkelrot sind, können sie vom Baum geschnitten werden.

# Schokolade

Süß, zart schmelzend und unvergleichlich gut – Schokolade ist einfach super lecker! Sie wird aus Kakaobohnen hergestellt, den Samen des Kakaobaums.

Kakaobohnen

Schokolade schmilzt bei Körpertemperatur – deshalb wird sie flüssig, wenn man sie zu lange in der Hand hält.

Die Schweizer essen mehr Schokolade als jede andere Nation der Welt.

Kakaomasse

Kakaobutter

• Hier breitet ein Arbeiter nasse Kakaobohnen zum Trocknen aus.
• Danach werden die Schalen entfernt. Zurück bleiben nur Kernbruchstücke, die sogenannten Nibs.
• Die Nibs werden geröstet, gemahlen und gepresst. Dabei entsteht Kakaomasse und Kakaobutter.
• Die Kakaomasse wird geschmolzen, mit Zucker und Kakaobutter gemischt und in Formen gegossen. Wenn sie erkaltet ist, sind die Schokoladentafeln fertig!

SCHOKOLADE
Besteht aus Kakaomasse, die mit Zucker und Kakaobutter vermischt wurde.

MILCHSCHOKOLADE
Enthält dieselben Zutaten wie normale Schokolade, aber auch Milch.

WEISSE SCHOKOLADE
Sie enthält keine dunkle Kakaomasse, nur Kakaobutter. Einige meinen, sie sei deswegen gar keine echte Schokolade.

# Schoko-Pralinen

Hausgemachte Pralinen lassen sich prima verschenken. Einfach einige auf ein Stück Karton setzen, mit Plastik umwickeln und ein Schleifchen anbringen.

**Du brauchst:**

100 g Bitterschokolade
3 EL Sahne
1 TL Vanillezucker
15 g Butter
2 EL Kakaopulver
2 EL Kokosflocken

Bröckeln

Rühren

Rollen

**1** Schokolade in eine Schüssel bröckeln. Die Sahne, Vanillezucker und Butter zugeben. Auf einem Topf mit kochendem Wasser schmelzen. Gelegentlich umrühren.

**2** Schoko-Mischung abkühlen lassen, dann in den Kühlschrank stellen. Etwa alle 5 Minuten umrühren, bis die Masse eingedickt ist.

**3** Für jede Praline 1 TL Schoko-Masse in der Handfläche zügig zu einem Bällchen rollen. Danach in Kakaopulver oder Kokosflocken wälzen.

**Tipp**

*Die Pralinen auf Backpapier legen und im Kühlschrank aufbewahren. Sie halten sich bis zu 1 Woche.*

*Kleine Köstlichkeit*

12–15 Stück

# Gebackenes Schoko-Dessert

Saftige Küchlein mit Überraschung – schneidet man sie an, fließt weiße Schokolade heraus! Ein Nachtisch für besondere Gelegenheiten.

## Du brauchst:

110 g Butter, sowie etwas zum Einfetten
150 g Schokolade
1 Ei
2 Eigelb
3 EL Zucker
1 TL Vanillezucker (nach Geschmack)
1 EL Speisestärke
3 Pralinen aus weißer Schokolade
Zum Anrichten: Vanille-Eiscreme

## Tipp

*Statt der 3 Pralinen lässt sich auch weiße Schokolade verwenden. Für jeden Pudding 2 Riegel davon nehmen und mindestens 14 Minuten backen, damit die weiße Schokolade schmelzen kann.*

Bröckeln

**1** Den Ofen auf 190 °C vorheizen. 3 ofenfeste Förmchen mit Butter bestreichen. Die Böden mit Backpapier auslegen.

**2** Die Schokolade in eine ofenfeste Schüssel bröckeln und die Butter zufügen. Zum Schmelzen die Schüssel auf einen Topf mit heißem Wasser stellen, gelegentlich umrühren. Etwas abkühlen lassen.

*Mixen*

*Gießen*

*Füllen*

**3** Ei, Eigelbe, Zucker und Vanille-zucker in eine Schüssel geben. Mit einem Mixer 4–6 Minuten auf höchster Stufe verrühren, bis das Volumen der Masse sich vervierfacht hat.

**4** Die Schoko-Butter-Mischung zur Eimasse gießen. Speisestärke hinzufügen und alles zu einem Teig verquirlen.

**5** Jedes Förmchen mit 2 EL Teig füllen. In die Mitte je eine Praline setzen. Die Pralinen mit dem Restteig bedecken.

**6** Die Förmchen auf einem Backblech 10–12 Minuten backen, bis sie an der Oberfläche fast fest sind. 2 Minuten abkühlen lassen, dann auf Teller stürzen und sofort mit Vanille-Eiscreme servieren.

*Eine süße Überraschung ...*

Joghurt wird vor allem aus Kuhmilch gewonnen. Harmlose Bakterien lassen die Milch dabei dick und säuerlich werden. Eine Kuh gibt so viel Milch pro Tag, dass es für mehr als 100 kleine Becher Joghurt reichen würde.

# Joghurt

Joghurt wird aus Milch gemacht und ist in jedem Supermarkt erhältlich. Ihn selbst herzustellen ist recht einfach. Alle möglichen Milchsorten sind dafür geeignet: Vollmilch, fettarme Milch, Kuh-, Ziegen- und Schafsmilch!

• Joghurt hat man schon vor 2000 Jahren gegessen. Vermutlich wurde er zufällig entdeckt, als jemand Milch in der Sonne stehen gelassen hat.

• Joghurt liefert viel Kalzium, er ist also wichtig für starke Knochen und Zähne.

• Einige Joghurts enthalten lebende Bakterien, die bei der Verdauung helfen.

*In den meisten Joghurts steckt viel Zucker – er verstärkt den Geschmack und hält sie frisch.*

## Hausgemachter Joghurt

*1* 1 l Milch kochen und abkühlen lassen, um Keime abzutöten.

*2* Einen großen Becher Naturjoghurt in die Milch geben und unterrühren.

*3* Die Mischung warm halten (etwa 43 °C), z.B. 6 Stunden oder über Nacht bei niedriger Temperatur in den Ofen stellen.

*4* Die Mischung wird sich verdicken und zu Joghurt werden. Der schmeckt dann pur (leicht säuerlich), aber auch mit Früchten und Honig toll!

# Beeren brûlée

**4 Portionen**

**Du brauchst:**

200 g Erdbeeren
100 g Blaubeeren
3 EL Puderzucker
120 ml Sahne
200 g griechischen Joghurt
1 TL Vanillezucker
2 EL brauner Rohrzucker

Das französische Wort *brûlée* bedeutet „gebrannt". Der Zucker auf dieser Süßspeise wird aber eigentlich nur gegrillt, bis er zu schmelzen beginnt.

Bestäuben

Schlagen

Füllen

**1** Die Erdbeeren säubern, vierteln und mit den Blaubeeren in eine Schüssel geben. Mit 1 EL Puderzucker bestäuben und durchmischen.

**2** Die Sahne steif schlagen. In einer weiteren Schüssel Joghurt, Vanillezucker und 2 EL Puderzucker verrühren. Die Sahne unterheben.

**3** Die Beeren in 4 ofenfeste Formen füllen. Mit der Joghurtmischung bestreichen.

*Probier's auch mal mit anderen Früchten.*

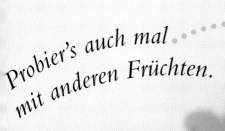

**4** Den Zucker darüberstreuen. 15 Minuten ins Gefrierfach stellen. Den Backofen auf 220 °C vorheizen. Die Förmchen im Backofengrill ganz kurz erhitzen, bis der Zucker geschmolzen ist.

*Vor dem Servieren leicht abkühlen lassen — dann wird's knusprig.*

# Hühnchen-Pita mit Joghurt und Minze

Dieses leicht scharfe Gericht wird mit einem herrlichen Minzdressing und in knusprigen Pita-Broten serviert.

## Du brauchst:

**Für das Hühnchen**
4 EL Naturjoghurt
1 TL milde Currypaste
1 TL flüssigen Honig
1 TL Zitronensaft
8 kleine Hühnchenfilets

**Für das Dressing**
4 EL Naturjoghurt
1 TL Zitronensaft
1 Prise Salz
8 Minzblättchen

**Zum Anrichten:**
4 kleine Pita-Brote
1 kleinen Salatkopf

4 Portionen

*Servieren, solange das Fleisch warm ist!*

## Tipp

*Wer rohes Hühnchenfleisch angefasst hat, sollte sich danach unbedingt die Hände waschen. Zum Essen muss das Fleisch außerdem immer ganz durch sein!*

_Rühren_

_Schneiden_

**1** Joghurt, Currypaste, Honig und Zitronensaft in einer Schüssel zusammenrühren. Das Fleisch zugeben und darin wälzen. Abdecken und 30 Minuten (oder über Nacht im Kühlschrank) marinieren.

**2** Währenddessen Joghurt, Zitronensaft und Salz in eine Schüssel geben. Die Minzblättchen zu Zylindern rollen und mit einer Schere in kleine Bänder schneiden. Alles verrühren und im Kühlschrank zwischenlagern.

_Grillen_

_Füllen_

**3** Den Backofen auf 160 °C vorheizen. Das Hühnchen auf ein Blech mit Backpapier legen. Die Hälfte der Marinade darauf verteilen. 6 Minuten grillen. Das Fleisch wenden, Rest-Marinade darübergeben und weitere 6 Minuten gar grillen.

**4** Die Pita-Brote im Backofen oder Toaster erwärmen. Sobald sie kühl genug sind, um sie anzufassen, auf-schneiden und mit Salatblättern, Hühnchenfleisch und Joghurt-Dressing füllen. Sofort servieren.

# Register

## Über die Autorin

Annabel Karmel ist Kinderkochbuchautorin und hat bereits mehrere Bücher geschrieben, die sich weltweit verkauft haben.

Sie ist Expertin für leckere und gesunde Gerichte, die Kinder lieben – und für die Eltern nicht stundenlang in der Küche stehen müssen.

Sie schreibt regelmäßig Beiträge für britische Zeitungen und Zeitschriften, ist häufig Gast in Rundfunk- und TV-Sendungen, die sich mit Kinderernährung beschäftigen. Sie betreibt außerdem eine eigene Produktlinie für gesunde Kindergerichte.

2006 wurde Annabel Karmel für ihre Verdienste auf dem Gebiet der Kinderernährung von der englischen Königin ausgezeichnet.

 www.annabelkarmel.com

## Dank

**Annabel Karmel dankt:** Valerie Berry, Rachael Foster, Dave King, Mary Ling und Caroline Stearns für ihre Hilfe bei der Arbeit an diesem Buch. **Dank auch an die Kinder, die auf den Fotos zu sehen sind:** Ruby Christian-Muldoon, Luella Disley, Sonny Edwards, Meganne Galivo, Lewis Matton, Ethan Michaels, Dominic Mosca, Samuel Phelbs-Jones, Molly Saunders, Jaden Stauch, Chloe Tingle, James Watson, Brian Wong und Natalya Wright. **Ebenso Dank an:** Katie Giovanni und Seiko Hatfield.

**Bildnachweis:** Der Verlag dankt folgenden Personen und Institutionen für die freundliche Genehmigung zum Abdruck von Fotos:
(Abkürzungen: o = oben, go = ganz oben, u = unten, gu = ganz unten, m = Mitte, l = links, r = rechts)

**Alamy Images:** Balfour Studios 30gol; Ricardo Beliel/Brazil Photos 40tor; Adam Burton 44go; Nigel Cattlin 14gor, 30gol; Central America 22ul, 22gor; Dennis Cox 18gor; Foodfolio 5ul, 36gur; Andrew Fox 26ml; Paolo Gallo 10mro; Mark Gibson 30gor; Greenshots Communications 40gol; Tim Hill/Cephas Picture Library 5gol; Wayne Hutchinson 14gor; James Clarke Images 10go; Dennis MacDonald 36gor; Ian McKinnell 18gom; Photography 1st 22gom; Ingo Schulz/Imagebroker 36gul; Martin Shields 22mlu; Jason Smalley/Wildscape 36gol; Eric Tormey 30gor; Maximillian Weinzierl 4ul; Andrew Woodley 4gul; Russell Young/Danita Delimont 36gor. **Corbis:** Ted Horowitz 36mlu. **Getty Images:** DAJ 26gom; Johner Images 6gou; Nordic Photos/Jerker Andersson 36gor; Photographer's Choice/Ian O'Leary 26gor; Science Faction/Ed Darack 6ol; StockFood Creative/Lew Robertson 36um; Tim Graham Photo Library 14m; Win-Initiative 6gor. **Photolibrary:** 40gogml; Digital Vision/Akira Kaede 18ol. **StockFood.com:** Susie M. Eising 40ur; Bernd Euler 40ml; FoofPhotogr. Eising 26ol; Studio Schiermann 22mu.

Alle anderen Abbildungen © Dorling Kindersley. Weitere Informationen unter www.dk-images.com